GÉNIE

DE LA

DÉMOCRATIE

PAR

J. BRIOL

Médecin à Portets.

PREMIER FASCICULE

BORDEAUX

IMPRIMERIE DE G. DELMAS

10, Rue Saint-Christoly, 10

—

1896

GÉNIE

DE LA

DÉMOCRATIE

PAR

J. BRIOL

Médecin à Portets.

PREMIER FASCICULE

BORDEAUX

IMPRIMERIE DE G. DELMAS

10, Rue Saint-Christoly, 10

1896

GÉNIE

DE LA

DÉMOCRATIE

En France, comme chez beaucoup d'autres peuples, la démocratie grandit et prend des forces ; mais tout le monde ne voit pas du même œil son développement ; tandis que les uns le regardent comme un accident passager qu'on arrêtera, il paraît aux autres un fait continu, permanent, irrésistible, remontant très haut dans notre histoire nationale.

C'est pourquoi, examinons l'état de la France durant les sept derniers siècles. Un petit nombre de familles possèdent héréditairement la terre et le droit de gouverner les habitants ; la force est alors l'unique moyen d'agir sur les hommes et la puissance n'a d'autre principe que la propriété terrienne.

Mais pareille à un fleuve qui creuse insensiblement, sans bruit, et renverse en un instant les digues qu'on lui oppose, la révolution mine et renverse l'antique édifice social.

A l'aide du christianisme la civilisation avance, la puissance politique du clergé s'établit et s'accroît ; il ouvre ses rangs au pauvre et au riche et l'égalité pénètre par l'église dans la société et dans le gouvernement; celui qui eût été serf toute sa vie arrive comme prêtre au rang du noble.

La civilisation plus avancée, la société plus polie et mieux assise, les rapports entre les hommes, devenus plus fréquents, se compliquent, on sent le besoin de lois civiles; alors naissent les légistes qui, abandonnant les tribunaux, vont siéger à la cour à côté des grands.

Les grandes entreprises et les guerres privées ruinent les nobles et les rois, tandis que l'homme du peuple, actif, laborieux, s'enrichit dans le commerce et l'industrie, et l'influence de l'argent se fait sentir sur les affaires de l'État; le spéculateur hardi, heureux, riche, devient une puissance qu'on flatte et qu'on recherche; enfin, le goût des lettres et des arts se réveille, les lumières, les connaissances, l'esprit, la science, sont des moyens de succès, l'intelligence est une force, et l'homme de lettres arrive aux affaires.

Les voies pour arriver au pouvoir devenues plus nombreuses et plus faciles, la valeur de la naissance baisse. Le titre de noblesse est d'un prix inestimable au onzième siècle; au treizième on l'achète, ainsi la noblesse elle-même introduit l'égalité dans le gouvernement. Pendant sept cents ans on vit le noble donner la puissance politique au peuple pour combattre l'autorité du roi et il arriva plus souvent encore que le roi appela au pouvoir la classe inférieure de la société pour humilier et abaisser l'aristocratie.

Les rois de France travaillèrent avec activité et constance à niveler les rangs. Lorsqu'ils furent ambitieux et puissants comme Louis Onze et Louis Quatorze, ils élevèrent le peuple au niveau des nobles et établirent partout l'égalité. Lorsqu'ils furent modérés et faibles comme Louis Quinze ils se laissèrent dominer et tombèrent dégradés dans l'avilissement; ainsi le talent et la force des uns, la faiblesse et le vice des autres, aidèrent la démocratie.

Lorsque le citoyen posséda la terre affranchie, que la

richesse fut connue, elle donna l'influence et le pouvoir; le perfectionnement du commerce et de l'industrie, les découvertes et les désirs naissants devinrent des éléments de progrès et d'égalité.

Le goût du luxe, l'amour de la guerre, toutes les passions du cœur humain, travaillent de concert à appauvrir le riche et à enrichir le pauvre. Les travaux de l'intelligence, l'avancement des sciences, le développement des idées, deviennent un principe de force et de richesse à la portée de tous. La pensée, l'esprit, l'imagination, l'éloquence, dons qui se trouvent dans le riche et dans le pauvre, servent la démocratie, qui marcha toujours côte-à-côte avec les lumières et la civilisation.

Les grands événements qui s'accomplissent pendant cette longue suite de siècles tournent au profit de l'égalité. Les expéditions religieuses et militaires, les guerres avec les Anglais, déciment la noblesse et ses terres se divisent, la liberté démocratique s'établit avec les communes. On invente l'arme à feu qui égalise les classes sur le champ de bataille, la presse offre d'égales ressources à l'intelligence, le palais et la cabane reçoivent la lumière, on découvre l'Amérique qui présente des routes à la fortune et livre à l'homme hardi et entreprenant la richesse et la puissance.

Ainsi depuis le onzième siècle une double révolution s'est accomplie dans l'état de la société en France; la noblesse a baissé et le peuple s'est élevé, chaque demi-siècle les rapproche, bientôt ils seront égaux. Ainsi partout les événements de la vie des peuples profitent à la démocratie; que les hommes aient combattu pour ou contre elle, ils l'ont aidée et ont accompli son œuvre sans y croire, elle avance malgré les uns et à l'insu des autres.

Le progrès croissant de l'égalité des conditions est un fait que les événements et les hommes servent, il est universel et durable, et échappe à toute puissance humaine.

Une génération n'arrêtera pas un mouvement venu de si loin.

Après avoir abattu l'ancien régime, les puissances féodales et royales, la démocratie reculera-t-elle, s'arrêtera-t-elle devant les hommes nouveaux, le bourgeois et le riche? Aujourd'hui qu'elle a vaincu ses plus puissants adversaires, franchi les obstacles et les ruines qu'elle a jonchées à travers les siècles, elle ne s'arrêtera pas.

Les événements ont la marche continue de la nature. Le progrès croissant de l'égalité fut, est et sera. La prudence commande aux nations de s'accommoder au régime nouveau; entrer en lutte avec la démocratie serait résister à un mouvement qui entraîne, emporte les peuples, trop fort pour se laisser arrêter, mais assez lent pour se laisser diriger.

Le devoir de ceux qui dirigent la société de nos jours est d'instruire la démocratie dans la science des affaires, de lui faire connaître ses vrais intérêts, de corriger ses mœurs, de régler ses mouvements, d'éclairer et d'adoucir ses instincts aveugles, d'approprier son gouvernement aux temps et aux lieux, de le modifier suivant les circonstances et les hommes : une science politique nouvelle convenant à un monde nouveau. Mais hélas ! c'est à quoi nous ne pensons guère ; au milieu d'un fleuve rapide, nous attachons les yeux à des débris épars sur la rive, tandis que le torrent nous entraîne vers des rivages inconnus.

C'est surtout en France que cette révolution a fait des progrès, mais elle y marche au hasard. Nos hommes d'État, nos législateurs ont-ils préparé et facilité les voies à la démocratie? N'est-elle pas venue malgré eux ou à leur insu? N'ont-ils pas toujours subi l'influence des classes les plus puissantes de la société, qui, au lieu de s'emparer d'elle pour la diriger et l'instruire, firent toujours des efforts pour l'arrêter?

Alors abandonnée à sa nature, elle a grandi comme un

enfant qui, privé des soins et de la tendre sollicitude de sa famille, sans éducation, sans appui, sans ressources, s'élève de lui-même dans les rues de nos cités, ne connaît jamais que les misères et les vices de la société.

Il arriva qu'à une époque malheureuse et humiliante de notre histoire elle s'empara à l'improviste du pouvoir ; elle fut la force, on s'y soumit ; mais bientôt affaiblie et abattue par ses excès, le législateur saisi d'horreur et d'épouvante, croyant l'occasion favorable, commit l'imprudence de vouloir l'anéantir. Au lieu d'adoucir ses mœurs, de l'instruire, de la diriger et de lui apprendre à gouverner, il ne songea qu'à l'éloigner du pouvoir.

Cette révolution ne s'étant pas faite dans les mœurs et dans les lois mais seulement dans le matériel de la société, elle n'a pu jusqu'à ce jour être utile aux peuples. Nous avons le principe de la démocratie et non ce qu'il faut pour l'instruire et la corriger, et pour profiter de ses avantages ; nous sentons les maux qu'elle fait et non les biens qu'elle peut donner.

Quand les rois et l'aristocratie gouvernaient ensemble les peuples, malgré ses misères, la société jouissait d'un bonheur qu'il nous est difficile d'apprécier aujourd'hui. Quelques sujets puissants arrêtaient la tyrannie, et les rois, qu'on croyait revêtus d'un caractère divin, puisaient dans le respect qu'on leur portait la volonté de ne pas abuser de la puissance. Le noble prenait au sort du peuple l'intérêt que le pasteur a pour son troupeau et veillait sur lui comme sur un dépôt remis entre ses mains. Le peuple ne voyant d'autre état social que le sien, ne pensait pouvoir jamais s'égaler à son chef et recevait ses bienfaits sans discuter ses droits ; s'il était clément et juste il l'aimait et se soumettait à ses rigueurs, comme à des maux inéluctables. L'usage et les mœurs mettaient à l'abri de la tyrannie et opposaient les droits à la force.

Le noble n'imaginait pas qu'on pût jamais lui ravir ses

privilèges, selon lui légitimes, et le serf regardant son état comme naturel, entre ces classes si différentes régnait la bienveillance. Ainsi la société ancienne avait des inégalités et des misères qu'elle supportait avec un noble courage.

Ce n'est pas l'usage de l'autorité qui corrompt les hommes, mais la domination d'un pouvoir usurpé et oppresseur.

Une classe avait les biens, la force, le loisir, le raffinement du luxe, du goût, le plaisir de l'esprit, la culture des arts, tandis que l'autre, pour lui donner ce bien-être, exposée aux rigueurs des saisons, supportant les fatigues, les privations, les misères, n'avait en partage que le pénible labeur et le droit de féconder la terre de ses sueurs et de son sang. Mais ce peuple qui avait d'énergiques passions, des croyances enracinées et de mâles vertus, constituait un corps social solide, puissant et glorieux.

Cette révolution efface les distinctions de rang, la terre se divise, le gouvernement se partage, les lettres, les sciences et les arts fleurissent, la démocratie établit son empire, féconde les institutions, adoucit et ennoblit les mœurs.

L'état social par excellence sera celui où tout citoyen, regardant la loi comme son œuvre, l'aimera et lui obéira, ou, respectant l'autorité comme nécessaire, l'amour qu'il portera au chef de l'État aura pour principe la raison, la reconnaissance, l'estime réfléchie. Chacun assuré de conserver ses droits, une mâle confiance et une noble condescendance s'établiront entre toutes les classes de la société. Alors le peuple comprendra que pour jouir des bienfaits de la société il faut en supporter les inconvénients qui y sont joints, les devoirs et les charges. La libre association des citoyens remplaçant le pouvoir personnel de l'aristocratie, l'État sera à l'abri de la tyrannie et de la licence.

Le corps social ainsi constitué marchera d'un pas régulier et progressif; on y trouvera moins de splendeur et de jouissances que dans l'aristocratie, mais moins de misères, plus de bien-être, moins de passions, mais des habitudes plus douces et des sentiments plus nobles et plus élevés.

Les lumières et l'expérience tenant lieu de l'enthousiasme des croyances, obtiendront des citoyens de sublimes dévouements et de beaux sacrifices.

L'homme isolé étant faible a besoin de l'appui de son semblable, et sachant qu'il ne l'obtiendra qu'en prêtant le sien il sentira que son intérêt est dans celui de tous.

La nation sera moins glorieuse, mais le plus grand nombre des citoyens y jouira d'un sort plus heureux et d'une situation plus prospère, et le peuple sera paisible non parce qu'il désespérera d'être mieux mais parce qu'il sentira son bien-être, et la société laissant les avantages de l'aristocratie s'appropriera les biens de la démocratie.

Ayant quitté les institutions, les idées et les mœurs de nos aïeux, nous arrivons à cet état politique nouveau, œuvre des lumières de l'instruction et du temps que nos pères tentèrent d'établir au prix des plus sublimes sacrifices et de leur sang généreux.

Le prestige de la puissance des rois évanouie, on mettra à sa place la force et la majesté des lois et on ne dira plus que le peuple craint et méprise l'autorité ; que la crainte fait plus obtenir de lui qu'autrefois le respect et l'amour.

Alors la force au lieu de la faiblesse de tous succédera aux puissances séparées qui luttaient jadis contre la tyrannie et au pouvoir oppresseur et conservateur d'un petit nombre de citoyens, et le gouvernement n'héritera pas seul des prérogatives des familles et des corporations d'autrefois : voilà les espérances que je conçois de la société future, elle se dépouillera des vices, des égarements et des passions de la société actuelle.

La division des fortunes, les lumières en rapprochant le pauvre du riche leur ont donné de nouveaux motifs de se haïr ; ils se craignent, ils se jalousent, ils se repoussent tour à tour du pouvoir; ils n'ont plus l'idée du droit et pour tous les deux la force est la seule raison du présent et l'assurance de l'avenir.

Les hommes ont gardé les préjugés de leurs pères sans leurs croyances et leurs vertus; la seule règle de leurs actions est la doctrine de l'intérêt, et leur égoïsme est aussi passionné que l'était jadis leur dévouement.

La société puise sa tranquillité non dans sa force et dans son bien-être, mais dans sa faiblesse et sa misère; elle á peur de mourir en agissant; elle sent son mal et n'a pas l'énergie de chercher le mieux, elle a des désirs, des chagrins et des joies stériles; elle a laissé un état ancien sans profiter de ce que le nouveau offre d'utile; elle a détruit un ancien édifice, et languissante elle s'arrête et se fixe au milieu de ses débris et de ses ruines.

Embarrassée dans son mouvement, livrée sans appui à ses passions incultes, la démocratie en France jeta tout sens dessus dessous, démolit et ébranla tout ce qu'elle n'abattit pas. Dans le trouble et dans la fièvre de la lutte, elle n'eut jamais la force de se saisir de la société et d'y établir paisiblement son empire; les opinions et les excès d'un parti poussant au-delà des limites naturelles les opinions des autres et perdant de vue leur but peut-être élevé, (?) tinrent un langage et une conduite qui n'exprimèrent ni leurs sentiments, ni leurs instincts, mais seulement une confusion qui excite notre douleur et notre pitié.

Je vois des gens d'esprit, des chrétiens pleins de zèle dont l'âme se nourrit de l'espérance d'une autre vie, du dogme consolant de l'immortalité, animés de l'esprit de l'Évangile, travaillent-ils en faveur de la liberté humaine, source des plus nobles vertus? Celui qui observe le précepte d'aimer son prochain selon la doctrine de l'apôtre accomplit la loi de Dieu : *Qui diligit proximum legem implevit.* Le christianisme, qui fit tous les hommes égaux devant Dieu, n'est pas, en conséquence, l'adversaire de l'égalité des citoyens devant la loi. Et pourtant, sous l'influence d'étranges événements, la religion se trouve mêlée aux puissances que la démocratie renverse et, rompant avec ses principes divins, désavoue la liberté, l'égalité, au lieu de s'en emparer, de les diriger, de les perfectionner.

La saine raison et l'expérience prouvent que la liberté ne s'établit qu'avec les mœurs et les mœurs avec les croyances; ne serait-il pas logique d'appeler à l'aide la plus grande force morale : la religion. Mais ses amis se trouvant dans le camp des adversaires de la liberté, on l'attaque, on l'affaiblit, on cherche à la renverser.

Je vois d'autres hommes qui n'ont l'esprit fixé qu'à la terre; ils sont sincèrement attachés à la liberté, qu'ils regardent comme la source des plus grands biens; ils travaillent avec ardeur à établir son empire, pour faire goûter aux hommes ses bienfaits.

On lit dans les Histoires que dans les siècles écoulés il y eut des âmes viles et des plumes vénales qui préconisèrent la servitude et même l'esclavage. S'en rencontrerait-il parmi mes contemporains? Mon esprit se refuse à y croire. Mais on y lit aussi qu'il y eut, comme il y a de nos jours, des esprits indépendants et des cœurs généreux qui firent des efforts sublimes pour sauver la liberté.

Que d'étonnantes contradictions dans le caractère de l'homme : l'un, noble par nature, a des opinions contraires à ses goûts et vante la condition servile qu'il n'a pas connue; l'autre parle sans cesse de liberté sans jamais en avoir senti la grandeur ni le prix, et réclame les droits de l'humanité qu'il ne reconnut jamais. Celui-ci, doté des plus belles qualités, aux habitudes douces et paisibles, que la fortune et la science mettent à la tête de son pays, prêt à donner son sang à la patrie, est l'adversaire de la civilisation et ne distingue pas ses abus de ses bienfaits; le mal et le nouveau sont inséparablement liés dans son esprit.

Enfin un autre, au nom du progrès, emploie toutes les

forces de son intelligence à matérialiser l'homme et cherche
à lui persuader que le bien-être et l'utile sont préférables à
la vertu et à la justice, qu'il peut trouver la science hors
des croyances, et il ose se dire le défenseur de la civilisation; mais il s'attribue un rôle dont il est indigne.

Au lieu de se concentrer, les éléments de la vie et de la
force de la société se désagrègent; je vois des courants
d'opinion divers, l'un avance, l'autre recule, celui-ci va à
droite, celui-là à gauche. L'ami de la religion combat la
liberté, et le partisan de la liberté la religion; des âmes
élevées vantent la servitude, des esprits serviles l'indépendance, des citoyens éclairés sont les adversaires du progrès,
et des hommes sans mœurs et sans patriotisme travaillent
en sa faveur.

Rien ne se lie dans la société actuelle, ses mœurs parais-
sent, à l'examen impartial de la philosophie, contraires au
bon sens et à la logique; la vertu y est sans génie et le
génie sans principes. On ne distingue pas le goût de l'ordre
de celui de la tyrannie, le culte de la liberté du mépris des
lois; la conscience est indifférente aux actions humaines et
doute de tout, rien ne lui paraît plus ni vrai ni faux, ni
permis ni défendu, ni honnête ni honteux.

L'attrait de la fortune, des grandeurs et de la domination
éblouit et corrompt l'homme. A quoi ne le pousse pas la
soif impie de l'or et la passion ardente des honneurs et du
pouvoir. Les intérêts divers, les avis différents des citoyens
sur les principes de gouvernement, les maux qui accablent
l'état social, la crainte, l'orgueil, l'ambition, l'envie, la
haine qu'excitent le succès et le bonheur d'autrui, les
vengeances politiques, forment une opposition opiniâtre et
les partis qui font les révolutions, les changements et sont
le fléau de la démocratie et une source de maux pour les
gouvernements et pour les peuples.

A une époque de trouble et de misère, succède un temps
d'ordre et de repos où la société paraît renaître; l'esprit

humain se croit arrivé à un état solidement assis et à la fin
de ses maux, mais l'humanité, suivant sa destinée, force
insaisissable, mais irrésistible, marche vers un but et un
avenir inconnus.

Le parti s'attache aux principes, non aux hommes; il
paraît animé de passions généreuses, a l'air d'agir avec
conviction et d'avoir un but élevé, mais il est souvent sans
foi politique, rapportant tout à lui; ou bien timide, irrésolu,
agite, trouble, déprave la société, si quelquefois il la sauve,
en l'ébranlant, le plus souvent il la jette dans le trouble
sans profit.

Dans ces derniers temps en France le parti monarchique
arrivé aux affaires sauva la République en voulant l'anéantir;
malgré d'énergiques efforts il n'eut pas la force de lutter
contre le mouvement de son siècle et de son pays, ni d'ap-
pliquer son système à la société qu'il régit, et permit aux
doctrines qu'il avait combattues de se développer et fonda
la République.

Si quelques principes vieillis sont insérés dans la cons-
titution on les retranchera en la revisant, et animée de
l'esprit de justice et de démocratie elle deviendra un
monument immortel de sagesse et de patriotisme.

Les partis ne diffèrent pas seulement de principes, mais le
plus souvent d'intérêts matériels; celui-ci défend le système
de prohibition commerciale, celui-là est en faveur de la
liberté du commerce, par la seule raison que l'un est indus-
triel et l'autre cultivateur, et que le système restrictif agit
au profit de l'un et au détriment de l'autre.

L'habileté du politique est de discerner ses intérêts et
ceux des autres analogues aux siens, les réunissant il forme
les partis; il cherche un principe qu'il avance et l'association devient une puissance politique.

Il arrive que l'opinion des peuples se divise, alors l'équi-
libre entre les partis est rompu; l'un obtenant une prépon-
dérance irrésistible détruit les obstacles, abat ses adver-

saires, exploite la société à son profit ; les vaincus se retirent en silence, vivent dans l'obscurité, y restent calmes et immobiles, la nation paraît avoir la même pensée et les mêmes sentiments, mais elle cache des haines et des divisions profondes : *incedit per ignes cinere suppositos.*

Ces querelles, ces divisions s'expliquent. Si on pénètre la pensée intime des partis, on voit que les passions aristocratiques et démocratiques en sont l'œuvre.

Dans les sociétés libres les partis prennent des noms divers et des formes différentes ; deux opinions y sont en présence, l'une est celle de l'aristocratie qui veut trop restreindre le pouvoir populaire, et l'autre celle de la démocratie qui veut trop l'étendre.

La richesse redoute et déteste les institutions démocratiques. C'est pourquoi elle est une défaveur et un obstacle pour arriver aux affaires. Le riche ne pouvant tenir dans la vie publique un rang pareil à celui de la vie privée, la quitte pour vivre dans une société qui a ses goûts et ses plaisirs ; il préfère abandonner la lice que de lutter en vain contre des adversaires sortis du peuple.

La richesse ne sera plus un principe de défaveur et un obstacle pour arriver au pouvoir lorsque la haute classe de la société, s'animant de l'esprit démocratique, se soumettra au gouvernement établi et reconnaîtra ses avantages pour tous, au lieu de montrer du dégoût pour les institutions de son pays, et de la crainte et du mépris pour le gouvernement du peuple.

Si jamais un gouvernement bannit les partis, ce sera la République démocratique respectant toutes les religions et la liberté des cultes, il n'y aura plus de haines religieuses, ni de haines des classes, le peuple ayant de la force on n'osera plus lutter avec lui, ni de misères à exploiter, la démocratie travaillant sans cesse à améliorer la situation du pays.

Il est étonnant que les publicistes n'aient pas attribué plus d'influence aux lois des successions sur les affaires humaines; ces lois dépendant à la fois de l'ordre civil et des institutions politiques, par une conséquence naturelle et forcée, elles influent sur l'état social des peuples d'où émanent les lois politiques. Saisissant pour ainsi dire les générations avant leur naissance, elles agissent d'une manière sûre et égale et donnent à l'homme une autorité divine sur l'avenir de ses semblables. En constituant la loi qui règle la succession des familles, le législateur donne le mouvement et la vie à son œuvre qui, agissant ensuite de ses propres forces, franchit les siècles et arrive au but indiqué d'avance; se pliant aux circonstances, elle concentre la propriété et les pouvoirs autour de quelques têtes, et fait ainsi sortir du sol une aristocratie ayant ses goûts et ses idées, qui diffère peu de la masse du peuple, dont elle embrasse les passions et les intérêts, et contribue au développement et à la force du mouvement démocratique; ou bien obéissant à d'autres principes, et suivant une autre voie, son action est plus vive, elle divise et dissémine les biens et la puissance, au point qu'on est effrayé de la rapidité de sa marche; désespérant de l'arrêter, on lui crée des difficultés et des obstacles par une action contraire; efforts inutiles : elle les renverse, les brise, les réduit en poussière, et de cette poussière naît et s'élève la démocratie.

La loi des successions, ordonnant le partage égal de la fortune du père entre les enfants, produit deux effets différents tendant à la même fin. A la mort du propriétaire, les biens changent de maître et de nature; on les fractionne et on les morcelle : voilà l'effet direct et matériel de la loi.

Les biens des peuples où la loi établit l'égalité des partages, tendent à l'amoindrissement, surtout des terres qu'on divise en petits domaines; cependant si la loi n'était livrée qu'à ses propres forces, ses effets ne se feraient sentir qu'à la longue; car, si la famille se compose de deux enfants se partageant la fortune du père et de la mère, ils seraient aussi riches qu'eux séparément.

L'égalité des partages n'influe pas seulement sur le sort des biens, mais aussi sur l'âme du propriétaire, en appelant les passions à son aide; deux causes dont les effets détruisent rapidement les fortunes et les domaines.

Dans les pays où la loi des successions a pour principe le droit d'aînesse, l'esprit de famille se matérialise dans la terre, les domaines traversent les siècles sans se diviser, la famille représente la terre et la terre la famille; elle est un témoin impérissable du passé et un gage pour l'avenir, en perpétuant son origine, sa gloire, sa puissance et ses vertus.

À la fin du dix-huitième siècle, à l'aide de la science et de la philosophie, les idées de justice et de morale ayant prévalu en France, le privilège attribué à l'aîné des enfants mâles de jouir de la totalité des biens du père est aboli, le partage égal des propriétés entre les enfants établi, et ainsi le lien qui unissait l'esprit de famille à la terre est rompu; la terre, divisée au bout d'une ou deux générations, ne représentant plus la famille, s'amoindrit et disparaît.

Pourtant, si un propriétaire n'a qu'un petit nombre d'enfants ou si la fortune leur sourit, ils peuvent devenir aussi riches que les auteurs de leurs jours, sans posséder les mêmes biens, en composant leur richesse d'éléments étrangers.

En partageant la terre, le charme du sentiment, l'attachement aux souvenirs, l'orgueil et l'ambition de la conserver étant ravis au propriétaire, il la vend et il y a beaucoup d'intérêt, car ces capitaux mobiliers rapportent plus que les autres et satisfont mieux et plus vite les passions et les besoins du moment.

On ne recompose pas les propriétés morcelées. Le petit propriétaire ne cultive pas mieux son champ que le riche, mais il supplée à l'art par son ardeur, ses soins, son goût, son travail opiniâtre, et a, proportionnellement, plus de revenus que le grand. La division de la terre a amélioré la situation des cultivateurs. Le petit vend sa propriété plus cher que le grand. Ainsi, le calcul qui conseille au riche de vendre sa vaste propriété, l'empêche d'en acheter de petites pour en refaire de grandes.

Ce qu'on appelle l'esprit de famille n'a souvent pour principe que les sentiments et les calculs de l'égoïsme; on a la douce espérance de s'immortaliser dans ses descendants; mais lorsque cet esprit finit, l'égoïsme suit sa pente naturelle; n'ayant plus de la famille qu'une idée vague, incertaine, chacun ne songe qu'au bien-être et aux commodités de la vie présente et à l'établissement de la génération qui suit, et imagine d'autres moyens que la propriété pour revivre dans ses enfants.

Sous l'empire de la loi des successions, non seulement la famille ne conserve pas intacts les domaines, mais elle n'en a pas même le désir et travaille, avec elle, à sa ruine. Cette loi agit ensemble sur la propriété et sur l'homme; en attaquant les propriétés, elle fait disparaître les familles et les fortunes.

La terre étant une propriété solide, il s'y trouve quelquefois des riches qui emploient la fortune à l'acquérir et à la cultiver; mais, ordinairement, c'est le pauvre qui a l'amour de la terre; ayant moins d'imagination, de lumières et de passions que le riche, il ne pense qu'à augmenter son domaine, et souvent les successions, le mariage, le commerce, lui en donnent les moyens.

Ainsi, par son principe, la propriété oscille entre deux termes opposés : la division et l'agglomération.

Mais la tendance qu'elle a à s'agglomérer ne l'empêche pas de se diviser à l'infini et n'est pas assez forte pour recomposer les grands domaines et les maintenir dans les mêmes familles.

Contemporains du dix-neuvième siècle, il nous est donné

d'apprécier l'influence féconde des lois des successions sur la révolution politique et sociale; elle a passé sur notre sol renversant les murs et les demeures, détruisant la clôture des champs qu'elle a divisés et rendus fertiles, pareille à ce grand fleuve d'Afrique à qui les Égyptiens de l'antiquité élevèrent, comme à un Dieu, un temple magnifique et une statue de marbre couronnée de lierres et d'épis, parce que de son lit sortaient ses flots majestueux pour arroser les terres et y porter la vie et la fécondité.

Que diriez-vous, peuples des vieux âges, si renaissant de la cendre de vos tombeaux vous compariez les temps, le bien-être de vos descendants, à vos misères et à vos souffrances, la société nouvelle à l'ancienne, où le grand propriétaire avait des revenus qu'il dépensait follement dans les divertissements de la vie, tandis que, source de sa richesse, vous végétiez dans une humiliante et affreuse pauvreté? Je vois arriver le jour où la terre appartiendra à celui qui la cultivera; étant sa propriété, il l'améliorera sans cesse, la fera fructifier, la travaillant de ses mains avec goût; il la rendra plus fertile en productions de toutes sortes et augmentera la richesse de la nation.

Mais la loi des successions n'a pas fini son œuvre sur l'humanité; elle a beaucoup fait, mais il lui reste encore à faire; les souvenirs, les opinions, les préjugés, les habitudes, sont de puissants obstacles qui ralentissent son action bienfaisante.

Pourtant, la loi des transmissions des biens est abolie, la loi des substitutions modifiée et ne gêne plus leur circulation.

Les générations passent, les terres se divisent; en croissant, le mouvement devient plus rapide, la société se présente sous un nouvel aspect, les familles des grands propriétaires sont absorbées dans la masse de la nation, quelques-unes surnagent à peine sur l'abîme prêt à les saisir et à les engloutir. Les descendants de ces riches et puissants citoyens d'autrefois sont avocats, commerçants, médecins; beaucoup, menant une vie inutile, sont tombés dans l'obscurité et dans l'oubli; en passant partout son niveau, la loi a effacé les distinctions de sang et d'hérédité.

Il y a beaucoup de riches en France; l'homme y a l'amour insatiable de l'argent, mais se souciant peu de la théorie de l'égalité permanente des biens, la fortune y circule avec une rapidité si grande, qu'on voit rarement deux générations en recueillir les faveurs.

La démocratie fleurira et portera des fruits mûrs, lorsque le peuple, échappant à l'influence des noms et de la fortune, confiera le pouvoir à cette aristocratie naturelle qui vient des lumières et des vertus, qu'il aura l'esprit et le goût de choisir des hommes éclairés qui ont passé la vie à faire le bien sous ses yeux.

La démocratie ne rêve pas l'égalité des fortunes, ce rêve s'éloignant trop de la réalité; mais elle cherche l'amélioration des masses, des déshérités, et l'adoucissement aux misères et aux maux qui les affligent et les accablent.

Dans la nation où la loi du partage égal des successions est en vigueur, les fortunes se divisant à l'infini, il n'y a plus de privilèges héréditaires; l'égalité de l'instruction en est la conséquence naturelle, ne pouvant rester ce qu'elle était à l'époque où les fortunes étaient substituées, les carrières et les vocations forcées; mais cette nation doit avoir un enseignement général spécialisé, aussi varié que les professions, gradué, gratuit, obligatoire, pour porter la lumière dans l'obscurité des masses.

En tout temps, on retrouva l'inégalité intellectuelle comme l'inégalité des fortunes, mais, en restant inégales, les intelligences auront désormais à leur disposition des moyens égaux.

Le goût des plaisirs de l'intelligence est de tradition dans beaucoup de familles riches; elles tiennent en honneur les travaux de l'esprit, et une infinité d'enfants du peuple reçoivent le bienfait de l'enseignement secondaire, nécessaire aux professions lettrées, et l'instruction spéciale à chacune d'elles.

Il y a des riches qui commencent la vie dans la pauvreté, ils sont occupés dans le jeune âge; lorsqu'ils ont le goût et la facilité pour l'étude, ils n'ont pas le temps de s'y livrer; lorsque arrivés à l'aisance, ils en auraient le loisir, ils n'en ont ni le goût, ni la facilité, ni la volonté, ni la force.

Le plus grand nombre d'hommes a, pour vivre, besoin d'exercer une profession exigeant un apprentissage, et ne peut cultiver son intelligence que les premières années de la vie. A quinze ans, on entre dans la carrière; si à cet âge l'éducation continue, on la dirige vers une science spéculative et lucrative qu'on étudie comme on apprend un métier, et on n'en saisit que l'application pour l'utilité présente. Les classes laborieuses trouvent une instruction générale, élémentaire et supérieure, qui comprend tout ce qu'il est indispensable de savoir dans toutes les classes de la société, c'est-à-dire les connaissances nécessaires au bourgeois, à l'artisan, à l'ouvrier, qui se livre à l'industrie, connaissances usuelles sur les sciences mathématiques et physiques.

Ainsi, il s'établit un niveau dans les connaissances humaines, tous les esprits s'en approchent : un grand nombre d'individus ont les mêmes connaissances en matière de religion, d'histoire, de sciences, d'économie politique, de législation, de gouvernement.

Quoique l'élément aristocratique s'affaiblisse, les progrès de l'instruction aidant, il conserve pourtant encore de l'influence sur le monde des affaires; mais la république démocratique, devenant prépondérante, on ne verra ni influence de famille, ni influence de corps, ni influence individuelle durables.

Ainsi, les hommes inégaux en fortune et en intelligence seront également forts.

Au moyen de cet état social, l'égalité pénétrera dans le

monde politique; les hommes, ne pouvant pas être égaux sur un point sans l'être sur les autres avec des droits pareils, ils arriveront à l'être sur tous; ainsi, il sera difficile de fixer un terme moyen entre la souveraineté du peuple et le pouvoir absolu d'un seul.

Les hommes ont la passion mâle, naturelle et légitime d'être forts et estimés; les petits veulent s'élever au rang des grands, mais il y a aussi, dans le cœur humain, un goût dépravé de l'égalité; le faible veut attirer le fort à son niveau; l'homme préfère l'égalité avec la servitude, à l'iné-galité avec la liberté. Le peuple dont l'état est démocrati-que, aime par instinct la liberté; il la cherche, s'il ne la trouve pas, il se résigne; mais il préfère l'égalité, il aime mieux mourir que de la perdre; sans elle, rien ne le satis-fait.

Mais si les citoyens sont égaux, ne leur sera-t-il pas impossible de défendre leur indépendance contre les agres-sions du pouvoir? Car, quelle révolution, quel gouverne-ment, quelle démocratie, mettra tout à fait les peuples à l'abri des iniquités sociales et des abus de la force? Aucun d'entre eux n'étant assez fort pour lutter avec succès, la réunion de toutes les forces qui ne se rencontrent pas tou-jours pouvánt seule abriter la liberté.

On peut donc tirer du même état social deux grandes conséquences politiques qui diffèrent essentiellement entre elles, quoique découlant de la même source : ou le pouvoir absolu, ou la souveraineté du peuple, qui, à mon avis, finira par triompher à la faveur des mœurs politiques, fruit des lumières de la science et de la philosophie.

14214. — Bordeaux. — Imp. G. Delmas, rue Saint-Christoly, 10.